화엄경 제21권 해설

화엄경 제21권에서는 공덕림보살이 10무진장(信·戒·懺·愧·聞·施·慧·念·持·辯)에 대하여 설한다. (pp.1~2)

① 신장(pp.2~7)　② 계장(pp.7~14)
③ 참장(pp.14~17)　④ 괴장(pp.18~20)
⑤ 문장(pp.20~28)　⑥ 시장(pp.29~50)
⑦ 혜장(pp.50~57)　⑧ 염장(pp.59~63)
⑨ 지장(pp.64~67)　⑩ 변장(pp.67~72)

그리고 이 10무진장을 성취하면 공덕이 무궁무진하여 분단(分段)·간단(間斷)·변이(變異)·격의(隔疑)·퇴전(退轉)이 없이 누구나 일체 불법의 문에 들어갈 수 있다고 하였다.(pp.72~74)

十無盡藏品 第二十二
(십무진장품 제이십이)

爾時功德林菩薩復告諸
(이시공덕림보살부고제)

菩薩言佛子菩薩摩訶薩有
(보살언불자보살마하살유)

十種藏過去未來現在諸佛
(십종장과거미래현재제불)

已說當說今說
(이설당설금설)

何等爲十所謂信藏戒藏
(하등위십소위신장계장)

慚藏愧藏聞藏施藏慧藏念
(참장괴장문장시장혜장념)

藏장 持지 藏장 辯변 藏장 是시 爲위 十십

佛불 子자 何하 等등 爲위 菩보 薩살 摩마 訶하 薩살

信신 藏장 此차 菩보 薩살 信신 一일 切체 法법 空공 信신

一일 切체 法법 無무 相상 信신 一일 切체 法법 無무 願원

信신 一일 切체 法법 無무 作작 信신 一일 切체 法법 無무

分분 別별 信신 一일 切체 法법 無무 所소 依의 信신 一일

切체 法법 不불 可가 量량 信신 一일 切체 法법 無무 有유

上信一切法難超越信一切
상신일체법난초월신일체

法無生
법무생

若菩薩能如是隨順一切
약보살능여시수순일체

法生淨信已聞諸佛法不可
법생정신이문제불법불가

思議心不怯弱聞一切佛不
사의심불겁약문일체불불

可思議心不怯弱聞衆生界
가사의심불겁약문중생계

不可思議心不怯弱
불가사의심불겁약

聞(문)法(법)界(계)不(불)可(가)思(사)議(의)心(심)不(불)怯(겁)
弱(약)聞(문)虛(허)空(공)界(계)不(불)可(가)思(사)議(의)心(심)不(불)
怯(겁)弱(약)聞(문)涅(열)槃(반)界(계)不(불)可(가)思(사)議(의)心(심)
不(불)怯(겁)弱(약)聞(문)過(과)去(거)世(세)不(불)可(가)思(사)議(의)
心(심)不(불)怯(겁)弱(약)聞(문)未(미)來(래)世(세)不(불)可(가)思(사)
議(의)心(심)不(불)怯(겁)弱(약)聞(문)現(현)在(재)世(세)不(불)可(가)
思(사)議(의)心(심)不(불)怯(겁)弱(약)聞(문)入(입)一(일)切(체)劫(겁)

不(불)可(가)思(사)議(의)心(심)不(불)怯(겁)弱(약)

何(하)以(이)故(고)此(차)菩(보)薩(살)於(어)諸(제)佛(불)所(소)

一(일)向(향)堅(견)信(신)知(지)佛(불)智(지)慧(혜)無(무)邊(변)無(무)

盡(진)十(시)方(방)無(무)量(량)諸(제)世(세)界(계)中(중)一(일)一(일)

各(각)有(유)無(무)量(량)諸(제)佛(불)於(어)阿(아)耨(뇩)多(다)羅(라)

三(삼)藐(먁)三(삼)菩(보)提(리)已(이)得(득)今(금)得(득)當(당)得(득)

已(이)出(출)世(세)今(금)出(출)世(세)當(당)出(출)世(세)已(이)入(입)

涅槃今入涅槃當入涅槃彼 (열반금입열반당입열반피)
諸佛智慧不增不減不生不 (제불지혜부증불감불생불)
滅不進不退不近不遠無知 (멸부진불퇴불근불원무지)
無捨 (무사)
此菩薩入佛智慧成就無 (차보살입불지혜성취무)
邊無盡信得此信已心不退 (변무진신득차신이심불퇴)
轉心不雜亂不可破壞無所 (전심부잡란불가파괴무소)

染著常有根本隨順聖人住
염착상유근본수순성인주

如來家護持一切諸佛種性
여래가호지일체제불종성

增長一切菩薩信解隨順一
증장일체보살신해수순일

切如來善根出生一切諸佛
체여래선근출생일체제불

方便是名菩薩摩訶薩信藏
방편시명보살마하살신장

菩薩住此信藏則能聞持一
보살주차신장즉능문지일

切佛法爲衆生說皆令開悟
체불법위중생설개령개오

佛子何等爲菩薩摩訶薩

戒藏此菩薩成就普饒益戒

不受戒不住戒無悔恨戒無

違諍戒不損惱戒無雜穢戒

無貪求戒無過失戒無毀犯

戒

云何爲普饒益戒此菩薩

사경의 공덕은 십만억 부처님께 공양한 것과 같은 공덕이 있습니다.

住 주	薩 살	等 등	精 정	受 수	生 생	受 수
色 색	受 수	淨 정	進 진	行 행	云 운	持 지
界 계	持 지	戒 계	奉 봉	外 외	何 하	淨 정
不 부	戒 계	云 운	持 지	道 도	爲 위	戒 계
住 주	時 시	何 하	三 삼	諸 제	不 불	本 본
無 무	心 심	爲 위	世 세	所 소	受 수	爲 위
色 색	不 불	不 불	諸 제	有 유	戒 계	利 리
界 계	住 주	住 주	佛 불	戒 계	此 차	益 익
何 하	欲 욕	戒 계	如 여	但 단	菩 보	一 일
以 이	界 계	此 차	來 래	性 성	薩 살	切 체
故 고	不 부	菩 보	平 평	自 자	不 불	衆 중

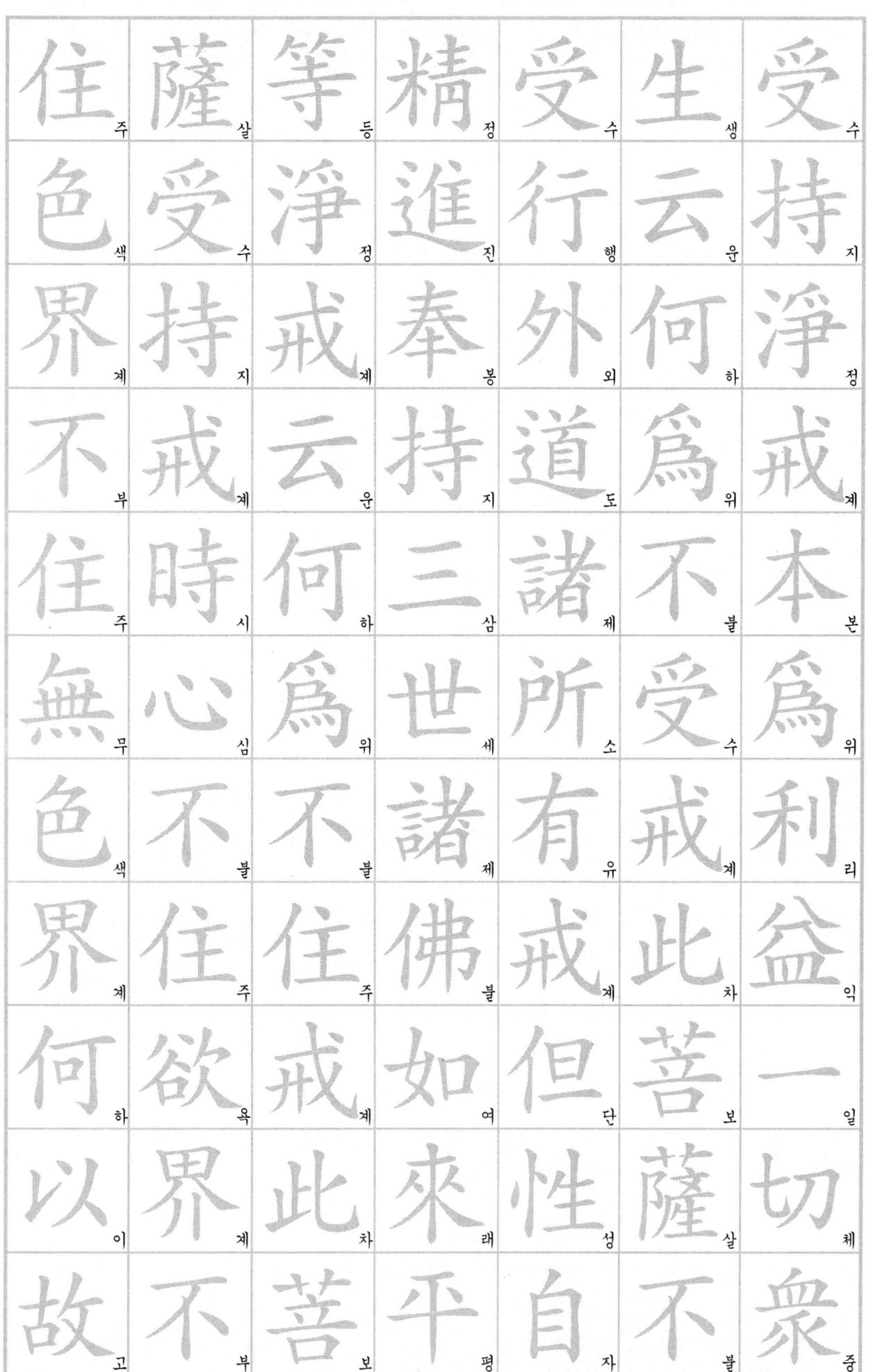

不求生彼而持戒故
불구생피이지계고

云何爲無悔恨戒此菩薩
운하위무회한계차보살

恒得安住無悔恨心何以故
항득안주무회한심하이고

不作重罪不行諂詐不破淨
부작중죄불행첨사불파정

戒故云何爲無違諍戒此菩
계고운하위무위쟁계차보

薩不非先制不更造立心常
살불비선제불갱조립심상

隨順向涅槃戒
수순향열반계

具足受持無所毁犯不以
持戒惱他衆生令其生苦但
願一切心常歡喜而持於戒
云何爲不惱害戒此菩薩
不因於戒學諸呪術造作方
藥惱害衆生但爲救護一切
衆生而持於戒云何爲不雜

사경의 공덕은 십만억 부처님께 공양한 것과 같은 공덕이 있습니다.

戒此菩薩不著邊見不持雜 (계차보살불착변견불지잡)
戒但觀緣起持出離戒 (계단관연기지출리계)
云何爲無貪求戒此菩薩 (운하위무탐구계차보살)
不現異相彰己有德但爲滿 (불현이상창기유덕단위만)
足出離法故而持於戒云何 (족출리법고이지어계운하)
爲無過失戒此菩薩不自貢 (위무과실계차보살불자공)
高言我持戒見破戒人亦不 (고언아지계견파계인역불)

輕(경)毁(훼)令(령)他(타)愧(괴)恥(치)但(단)一(일)其(기)心(심)而(이)

持(지)於(어)戒(계)云(운)何(하)爲(위)無(무)毁(훼)犯(범)戒(계)此(차)

菩(보)薩(살)永(영)斷(단)殺(살)盜(도)邪(사)淫(음)妄(망)語(어)兩(양)

舌(설)惡(악)口(구)及(급)無(무)義(의)語(어)貪(탐)瞋(진)邪(사)見(견)

具(구)足(족)受(수)持(지)十(십)種(종)善(선)業(업)

菩(보)薩(살)持(지)此(차)無(무)犯(범)戒(계)時(시)作(작)是(시)

念(념)言(언)一(일)切(체)衆(중)生(생)毁(훼)犯(범)淨(정)戒(계)皆(개)

由(유) 顚(전) 倒(도) 唯(유) 佛(불) 世(세) 尊(존) 能(능) 知(지) 衆(중) 生(생)
以(이) 何(하) 因(인) 緣(연) 而(이) 生(생) 顚(전) 倒(도) 毁(훼) 犯(범) 淨(정)
戒(계) 我(아) 當(당) 成(성) 就(취) 無(무) 上(상) 菩(보) 提(리) 廣(광) 爲(위)
衆(중) 生(생) 說(설) 眞(진) 實(실) 法(법) 令(령) 離(리) 顚(전) 倒(도) 是(시)
名(명) 菩(보) 薩(살) 摩(마) 訶(하) 薩(살) 第(제) 二(이) 戒(계) 藏(장)
佛(불) 子(자) 何(하) 等(등) 爲(위) 菩(보) 薩(살) 摩(마) 訶(하) 薩(살)
慚(참) 藏(장) 此(차) 菩(보) 薩(살) 憶(억) 念(념) 過(과) 去(거) 所(소) 作(작)

사경의 공덕은 십만억 부처님께 공양한 것과 같은 공덕이 있습니다.

諸(제)惡(악)而(이)生(생)於(어)慚(참)謂(위)彼(피)菩(보)薩(살)心(심)
自(자)念(념)言(언)我(아)無(무)始(시)世(세)來(래)與(여)諸(제)衆(중)
生(생)皆(개)悉(실)互(호)作(작)父(부)母(모)兄(형)弟(제)姉(자)妹(매)
男(남)女(녀)具(구)貪(탐)瞋(진)癡(치)憍(교)慢(만)諂(첨)誑(광)及(급)
餘(여)一(일)切(체)諸(제)煩(번)惱(뇌)故(고)更(갱)相(상)惱(뇌)害(해)
遞(체)相(상)陵(능)奪(탈)姦(간)淫(음)傷(상)殺(살)無(무)惡(악)不(부)
造(조)

一切衆生悉亦如是以諸
일체중생실역여시이제

煩惱備造衆惡是故各各不
번뇌비조중악시고각각불

相恭敬不相尊重不相承順
상공경불상존중불상승순

不相謙下不相啓導不相護
불상겸하불상계도불상호

惜更相殺害互爲怨讎自惟
석갱상살해호위원수자유

我身及諸衆生去來現在行
아신급제중생거래현재행

無慚法三世諸佛無不知見
무참법삼세제불무부지견

今若不斷此無慚行三世諸
금약부단차무참행삼세제

佛亦當見我我當云何猶行
불역당견아아당운하유행

不止甚爲不可
부지심위불가

是故我應專心斷除證阿
시고아응전심단제증아

耨多羅三藐三菩提廣爲衆
녹다라삼약삼보리광위중

生說眞實法是名菩薩摩訶
생설진실법시명보살마하

薩第三慚藏
살제삼참장

佛子何等爲菩薩摩訶薩
불자하등위보살마하살

愧藏此菩薩自愧昔來於五
괴장차보살자괴석래어오

欲中種種貪求無有厭足因
욕중종종탐구무유염족인

此增長貪恚癡等一切煩惱
차증장탐에치등일체번뇌

我今不應復行是事
아금불응부행시사

又作是念衆生無智起諸
우작시념중생무지기제

煩惱具行惡法不相恭敬不
번뇌구행악법불상공경불

相(상) 尊(존) 重(중) 乃(내) 至(지) 展(전) 轉(전) 互(호) 爲(위) 怨(원) 讐(수)

如(여) 是(시) 等(등) 惡(악) 無(무) 不(불) 備(비) 造(조) 造(조) 已(이) 歡(환)

喜(희) 追(추) 求(구) 稱(칭) 歎(탄) 盲(맹) 無(무) 慧(혜) 眼(안) 無(무) 所(소)

知(지) 見(견) 於(어) 母(모) 人(인) 腹(복) 中(중) 入(입) 胎(태) 受(수) 生(생)

成(성) 垢(구) 穢(예) 身(신) 畢(필) 竟(경) 至(지) 於(어) 髮(발) 白(백) 面(면)

皺(추) 有(유) 智(지) 慧(혜) 者(자) 觀(관) 此(차) 但(단) 是(시) 從(종) 淫(음)

慾(욕) 生(생) 不(부) 淨(정) 之(지) 法(법) 三(삼) 世(세) 諸(제) 佛(불) 皆(개)

悉(실) 知(지) 見(견)

若(약) 我(아) 於(어) 今(금) 猶(유) 行(행) 是(시) 事(사) 則(즉) 爲(위)

欺(기) 誑(광) 三(삼) 世(세) 諸(제) 佛(불) 是(시) 故(고) 我(아) 當(당) 修(수)

行(행) 於(어) 愧(괴) 速(속) 成(성) 阿(아) 耨(뇩) 多(다) 羅(라) 三(삼) 藐(먁)

三(삼) 菩(보) 提(리) 廣(광) 爲(위) 衆(중) 生(생) 說(설) 眞(진) 實(실) 法(법)

是(시) 名(명) 菩(보) 薩(살) 摩(마) 訶(하) 薩(살) 第(제) 四(사) 愧(괴) 藏(장)

佛(불) 子(자) 何(하) 等(등) 爲(위) 菩(보) 薩(살) 摩(마) 訶(하) 薩(살)

聞문 藏장 此차 菩보 薩살 知지 是시 事사 有유 故고 是시
事사 有유 是시 事사 無무 故고 是시 事사 無무 是시 事사
起기 故고 是시 事사 起기 是시 事사 滅멸 故고 是시 事사
滅멸 是시 世세 間간 法법 是시 出출 世세 間간 法법 是시
有유 爲위 法법 是시 無무 爲위 法법 是시 有유 記기 法법
是시 無무 記기 法법
何하 等등 爲위 是시 事사 有유 故고 是시 事사 有유

謂(위)無(무)明(명)有(유)故(고)行(행)有(유)何(하)等(등)爲(위)是(시)
事(사)無(무)故(고)是(시)事(사)無(무)謂(위)識(식)無(무)故(고)名(명)
色(색)無(무)何(하)等(등)爲(위)是(시)事(사)起(기)故(고)是(시)事(사)
起(기)謂(위)愛(애)起(기)故(고)苦(고)起(기)何(하)等(등)爲(위)是(시)
事(사)滅(멸)故(고)是(시)事(사)滅(멸)謂(위)有(유)滅(멸)故(고)生(생)
滅(멸)
何(하)等(등)爲(위)世(세)間(간)法(법)所(소)謂(위)色(색)受(수)

想行識何等爲出世間法所
상행식하등위출세간법소

謂戒定慧解脫解脫知見何
위계정혜해탈해탈지견하

等爲有爲法所謂欲界色界
등위유위법소위욕계색계

無色界衆生界何等爲無爲
무색계중생계하등위무위

法所謂虛空涅槃數緣滅非
법소위허공열반수연멸비

數緣滅緣起法性住
수연멸연기법성주

何等爲有記法謂四聖諦
하등위유기법위사성제

사경의 공덕은 십만억 부처님께 공양한 것과 같은 공덕이 있습니다.

四沙門果四辯四無所畏四
사사문과사변사무소외사

念處四正勤四神足五根五
념처사정근사신족오근오

力七覺分八聖道分何等爲
력칠각분팔성도분하등위

無記法謂世間有邊世間無
무기법위세간유변세간무

邊世間亦有邊亦無邊世間
변세간역유변역무변세간

非有邊非無邊世間有常世
비유변비무변세간유상세

間無常世間亦有常亦無常
간무상세간역유상역무상

世(세)間(간)非(비)有(유)常(상)非(비)無(무)常(상)如(여)來(래)滅(멸)

後(후)有(유)如(여)來(래)滅(멸)後(후)無(무)

如(여)來(래)滅(멸)後(후)亦(역)有(유)亦(역)無(무)如(여)來(래)

滅(멸)後(후)非(비)有(유)非(비)無(무)我(아)及(급)衆(중)生(생)有(유)

我(아)及(급)衆(중)生(생)無(무)我(아)及(급)衆(중)生(생)亦(역)有(유)

亦(역)無(무)我(아)及(급)衆(중)生(생)非(비)有(유)非(비)無(무)無(무)

過(과)去(거)有(유)幾(기)如(여)來(래)般(반)涅(열)槃(반)幾(기)

聲(성) 聞(문) 辟(벽) 支(지) 佛(불) 般(반) 涅(열) 槃(반) 未(미) 來(래) 有(유)

幾(기) 如(여) 來(래) 幾(기) 聲(성) 聞(문) 辟(벽) 支(지) 佛(불) 幾(기) 衆(중)

生(생) 現(현) 在(재) 有(유) 幾(기) 佛(불) 住(주) 幾(기) 聲(성) 聞(문) 辟(벽)

支(지) 佛(불) 住(주) 幾(기) 衆(중) 生(생) 住(주)

何(하) 等(등) 如(여) 來(래) 最(최) 先(선) 出(출) 何(하) 等(등) 聲(성)

聞(문) 辟(벽) 支(지) 佛(불) 最(최) 先(선) 出(출) 何(하) 等(등) 衆(중) 生(생)

最(최) 先(선) 出(출) 何(하) 等(등) 如(여) 來(래) 最(최) 後(후) 出(출) 何(하)

사경의 공덕은 십만억 부처님께 공양한 것과 같은 공덕이 있습니다.

爲 위	界 계	有 유		法 법	衆 중	等 등
生 생	從 종	幾 기	世 세	最 최	生 생	聲 성
死 사	何 하	世 세	間 간	在 재	最 최	聞 문
最 최	處 처	界 계	從 종	後 후	後 후	辟 벽
初 초	來 래	成 성	何 하		出 출	支 지
際 제	去 거	有 유	處 처		何 하	佛 불
何 하	至 지	幾 기	來 래		法 법	最 최
者 자	何 하	世 세	去 거		最 최	後 후
爲 위	所 소	界 계	至 지		在 재	出 출
生 생	何 하	壞 괴	何 하		初 초	何 하
死 사	者 자	世 세	所 소		何 하	等 등

사경의 공덕은 십만억 부처님께 공양한 것과 같은 공덕이 있습니다.

最後際是名無記法
최후제시명무기법

菩薩摩訶薩作如是念一
보살마하살작여시념일

切衆生於生死中無有多聞
체중생어생사중무유다문

不能了知此一切法我當發
불능료지차일체법아당발

意持多聞藏證阿耨多羅三
의지다문장증아뇩다라삼

藐三菩提爲諸衆生說眞實
먁삼보리위제중생설진실

法是名菩薩摩訶薩第五多
법시명보살마하살제오다

聞(문)藏(장)

佛(불)子(자)何(하)等(등)爲(위)菩(보)薩(살)摩(마)訶(하)薩(살)

施(시)藏(장)此(차)菩(보)薩(살)行(행)十(십)種(종)施(시)所(소)謂(위)

分(분)減(감)施(시)竭(갈)盡(진)施(시)內(내)施(시)外(외)施(시)內(내)

外(외)施(시)一(일)切(체)施(시)過(과)去(거)施(시)未(미)來(래)施(시)

現(현)在(재)施(시)究(구)竟(경)施(시)

佛(불)子(자)云(운)何(하)爲(위)菩(보)薩(살)分(분)減(감)施(시)

此(차)菩(보)薩(살)稟(품)性(성)仁(인)慈(자)好(호)行(행)惠(혜)施(시)
若(약)得(득)美(미)味(미)不(부)專(전)自(자)受(수)要(요)與(여)衆(중)
生(생)然(연)後(후)方(방)食(식)凡(범)所(소)受(수)物(물)悉(실)亦(역)
如(여)是(시)若(약)自(자)食(식)時(시)作(작)是(시)念(념)言(언)我(아)
身(신)中(중)有(유)八(팔)萬(만)戶(호)蟲(충)依(의)於(어)我(아)住(주)
我(아)身(신)充(충)樂(락)彼(피)亦(역)充(충)樂(락)我(아)身(신)飢(기)
苦(고)彼(피)亦(역)飢(기)苦(고)我(아)今(금)受(수)此(차)所(소)有(유)

飮食願令衆生普得充飽爲
음식원령중생보득충포위

施彼故而自食之不貪其味
시피고이자식지불탐기미

復作是念我於長夜愛著
부작시념아어장야애착

其身欲令充飽而受飮食今
기신욕령충포이수음식금

以此食惠施衆生願我於身
이차식혜시중생원아어신

永斷貪著是名分減施
영단탐착시명분감시

云何爲菩薩竭盡施佛子
운하위보살갈진시불자

사경의 공덕은 십만억 부처님께 공양한 것과 같은 공덕이 있습니다.

此菩薩得種種上味飲食香
차보살득종종상미음식향

華衣服資生之具若自以受
화의복자생지구약자이수

用則安樂延年若輟己施人
용즉안락연년약철기시인

則窮苦夭命時或有人來作
즉궁고요명시혹유인래작

是言汝今所有悉當與我菩
시언여금소유실당여아보

薩自念我無始已來以飢餓
살자념아무시이래이기아

故喪身無數未曾得有如毫
고상신무수미증득유여호

末(말)	我(아)	是(시)	有(유)	所(소)		菩(보)
許(허)	亦(역)	故(고)	一(일)	悋(린)	云(운)	薩(살)
饒(요)	當(당)	應(응)	切(체)	是(시)	何(하)	年(년)
益(익)	同(동)	爲(위)	皆(개)	名(명)	爲(위)	方(방)
衆(중)	於(어)	饒(요)	捨(사)	竭(갈)	菩(보)	少(소)
生(생)	往(왕)	益(익)	乃(내)	盡(진)	薩(살)	盛(성)
而(이)	昔(석)	衆(중)	至(지)	施(시)	內(내)	端(단)
獲(획)	而(이)	生(생)	盡(진)		施(시)	正(정)
善(선)	捨(사)	隨(수)	命(명)		佛(불)	美(미)
利(리)	其(기)	其(기)	亦(역)		子(자)	好(호)
今(금)	命(명)	所(소)	無(무)		此(차)	香(향)

命 명	手 수	獨 독	當 당	下 하	轉 전	華 화
必 필	足 족	羸 리	知 지	時 시	輪 륜	衣 의
冀 기	血 혈	頓 돈	我 아	或 혹	王 왕	服 복
存 존	肉 육	死 사	今 금	有 유	位 위	以 이
活 활	頭 두	將 장	衰 쇠	人 인	七 칠	嚴 엄
唯 유	目 목	不 불	老 로	來 래	寶 보	其 기
願 원	骨 골	久 구	身 신	白 백	具 구	身 신
大 대	髓 수	若 약	嬰 영	王 왕	足 족	始 시
王 왕	我 아	得 득	重 중	言 언	王 왕	受 수
莫 막	之 지	王 왕	疾 질	大 대	四 사	灌 관
更 갱	身 신	身 신	煢 경	王 왕	天 천	頂 정

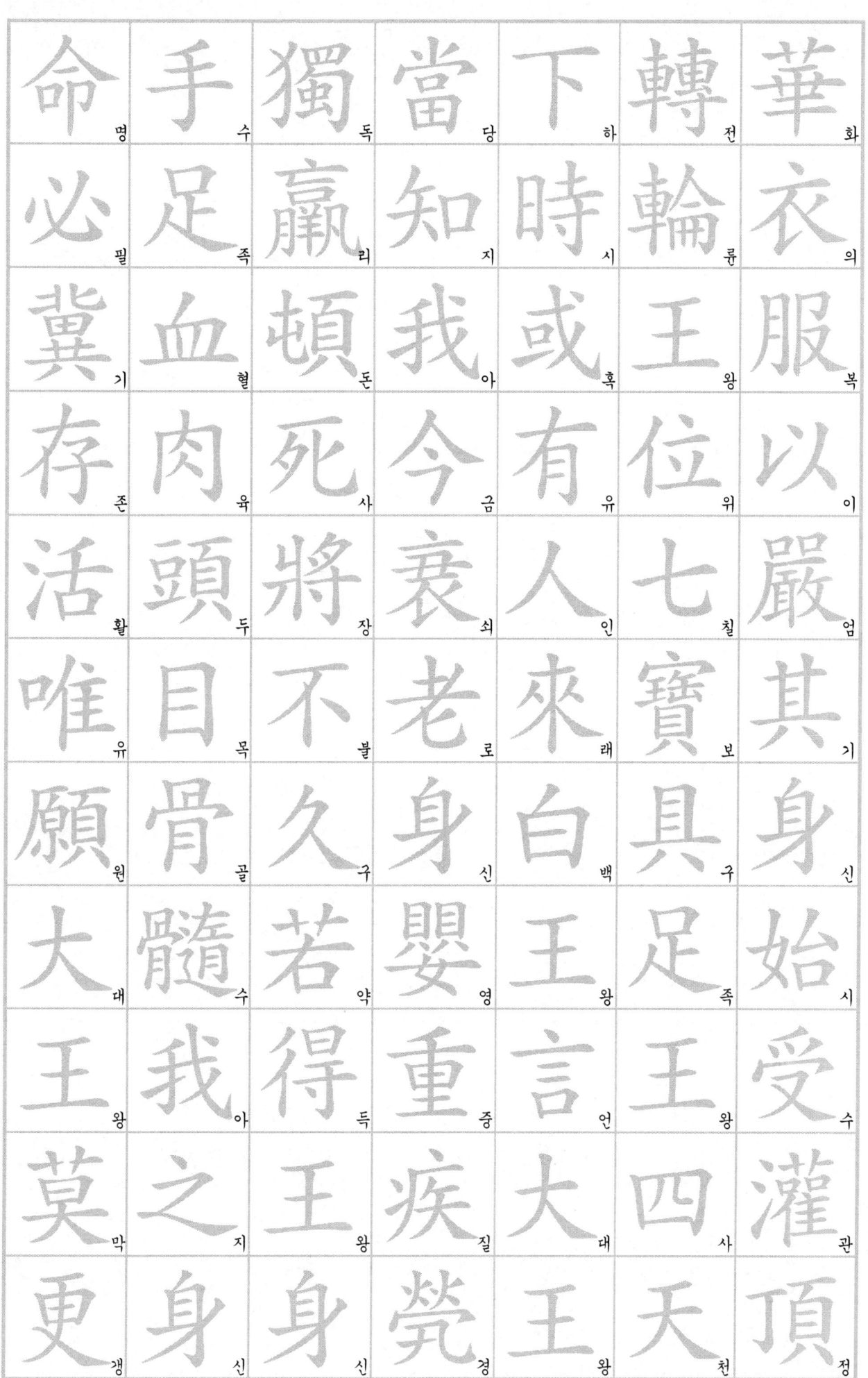

籌量有所顧惜但見慈念以
주량유소고석단견자념이

施於我爾時菩薩作是念言
시어아이시보살작시념언

今我此身後必當死無一利
금아차신후필당사무일리

益宜時疾捨以濟衆生念已
익의시질사이제중생념이

施之心無所悔是名內施
시지심무소회시명내시

云何爲菩薩外施佛子此
운하위보살외시불자차

菩薩年盛色美衆相具足名
보살년성색미중상구족명

華上服而以嚴身始受灌頂
轉輪王位七寶具足王四天
下時或有人來白王言我今
貧窶衆苦逼迫唯願仁慈特
垂矜念捨此王位以贍於我
我當統領受王福樂
爾時菩薩作是念言一切

榮(영)盛(성)必(필)當(당)衰(쇠)歇(헐)於(어)衰(쇠)歇(헐)時(시)不(불)
能(능)復(부)更(갱)饒(요)益(익)衆(중)生(생)我(아)今(금)宜(의)應(응)
隨(수)彼(피)所(소)求(구)充(충)滿(만)其(기)意(의)作(작)是(시)念(념)
已(이)卽(즉)便(편)施(시)之(지)而(이)無(무)所(소)悔(회)是(시)名(명)
外(외)施(시)

云(운)何(하)爲(위)菩(보)薩(살)內(내)外(외)施(시)佛(불)子(자)
此(차)菩(보)薩(살)如(여)上(상)所(소)說(설)處(처)輪(륜)王(왕)位(위)

之 지	寶 보	爾 이	之 지	已 이	人 인	七 칠
法 법	及 급	時 시	與 여	久 구	而 이	寶 보
我 아	以 이	菩 보	我 아	我 아	來 래	具 구
今 금	王 왕	薩 살	幷 병	未 미	白 백	足 족
盛 성	位 위	作 작	及 급	曾 증	言 언	王 왕
壯 장	悉 실	是 시	王 왕	得 득	此 차	四 사
富 부	是 시	念 념	身 신	唯 유	轉 전	天 천
有 유	無 무	言 언	爲 위	願 원	輪 륜	下 하
天 천	常 상	我 아	我 아	大 대	位 위	時 시
下 하	敗 패	身 신	臣 신	王 왕	王 왕	或 혹
乞 걸	壞 괴	財 재	僕 복	捨 사	處 처	有 유

사경의 공덕은 십만억 부처님께 공양한 것과 같은 공덕이 있습니다.

者現前當以不堅而求堅法
자현전당이불견이구견법

作是念已卽便施之乃至以
작시념이즉편시지내지이

身恭勤作役心無所悔是名
신공근작역심무소회시명

內外施
내외시

云何爲菩薩一切施佛子
운하위보살일체시불자

此菩薩亦如上說處輪王位
차보살역여상설처륜왕위

七寶具足王四天下時有無
칠보구족왕사천하시유무

量(량) 貧(빈) 窮(궁) 之(지) 人(인) 來(래) 詣(예) 其(기) 前(전) 而(이) 作(작)
是(시) 言(언) 大(대) 王(왕) 名(명) 稱(칭) 周(주) 聞(문) 十(시) 方(방) 我(아)
等(등) 欽(흠) 風(풍) 故(고) 來(래) 至(지) 此(차) 吾(오) 曹(조) 今(금) 者(자)
各(각) 有(유) 所(소) 求(구) 願(원) 普(보) 垂(수) 慈(자) 令(령) 得(득) 滿(만)
足(족) 時(시) 諸(제) 貧(빈) 人(인) 從(종) 彼(피) 大(대) 王(왕) 或(혹) 乞(걸)
國(국) 土(토) 或(혹) 乞(걸) 妻(처) 子(자) 或(혹) 乞(걸) 手(수) 足(족) 血(혈)
肉(육) 心(심) 肺(폐) 頭(두) 目(목) 髓(수) 腦(뇌) 菩(보) 薩(살) 是(시) 時(시)

心(심)作(작)是(시)念(념)一(일)切(체)恩(은)愛(애)會(회)當(당)別(별)
離(리)而(이)於(어)衆(중)生(생)無(무)所(소)饒(요)益(익)我(아)今(금)
爲(위)欲(욕)永(영)捨(사)貪(탐)愛(애)以(이)此(차)一(일)切(체)必(필)
離(리)散(산)物(물)滿(만)衆(중)生(생)願(원)作(작)是(시)念(념)已(이)
悉(실)皆(개)施(시)與(여)心(심)無(무)悔(회)恨(한)亦(역)不(불)於(어)
衆(중)生(생)而(이)生(생)厭(염)賤(천)是(시)名(명)一(일)切(체)施(시)
云(운)何(하)爲(위)菩(보)薩(살)過(과)去(거)施(시)此(차)菩(보)

薩(살) 聞(문) 過(과) 去(거) 諸(제) 佛(불) 菩(보) 薩(살) 所(소) 有(유) 功(공)
德(덕) 聞(문) 已(이) 不(불) 著(착) 了(료) 達(달) 非(비) 有(유) 不(불) 起(기)
分(분) 別(별) 不(불) 貪(탐) 不(불) 味(미) 亦(역) 不(불) 求(구) 取(취) 無(무)
所(소) 依(의) 倚(의) 見(견) 法(법) 如(여) 夢(몽) 無(무) 有(유) 堅(견) 固(고)
於(어) 諸(제) 善(선) 根(근) 不(불) 起(기) 有(유) 想(상) 亦(역) 無(무) 所(소)
倚(의) 但(단) 爲(위) 敎(교) 化(화) 取(취) 著(착) 衆(중) 生(생) 成(성) 熟(숙)
佛(불) 法(법) 而(이) 爲(위) 演(연) 說(설) 又(우) 復(부) 觀(관) 察(찰) 過(과)

사경의 공덕은 십만억 부처님께 공양한 것과 같은 공덕이 있습니다.

去諸法十方推求都不可得
作是念已於過去法畢竟皆
捨是名過去施
云何爲菩薩未來施此菩
薩聞未來諸佛之所修行了
達非有不取於相不別樂往
生諸佛國土不味不著亦不

生생 厭염 不불 以이 善선 根근 迴회 向향 於어 彼피 亦역
不불 於어 彼피 而이 退퇴 善선 根근 常상 勤근 修수 行행
未미 曾증 廢폐 捨사 但단 欲욕 因인 彼피 境경 界계 攝섭
取취 衆중 生생 爲위 說설 眞진 實실 令령 成성 熟숙 佛불
法법 然연 此차 法법 者자 非비 有유 處처 所소 非비 無무
處처 所소 非비 內내 非비 外외 非비 近근 非비 遠원 復부
作작 是시 念념 若약 法법 非비 有유 不불 可가 不불 捨사

是名未來施

云何爲菩薩現在施此菩

薩聞四天王衆天三十三天

夜摩天兜率陀天化樂天他

化自在天梵天梵身天梵輔

天梵衆天大梵天光天少光

天無量光天光音天淨天少

사경의 공덕은 십만억 부처님께 공양한 것과 같은 공덕이 있습니다.

淨天無量淨天徧淨天廣天
정천무량정천변정천광천

少廣天無量廣天廣果天無
소광천무량광천광과천무

煩天無熱天善見天善現天
번천무열천선견천선현천

色究竟天乃至聞聲聞緣覺
색구경천내지문성문연각

具足功德聞已其心不迷不
구족공덕문이기심불미불

沒不聚不散但觀諸行如夢
몰불취불산단관제행여몽

不實無有貪著爲令衆生捨
부실무유탐착위령중생사

離惡趣心無分別修菩薩道
리악취심무분별수보살도

成就佛法而爲開演是名現
성취불법이위개연시명현

在施
재시

云何爲菩薩究竟施佛子
운하위보살구경시불자

此菩薩假使有無量衆生或
차보살가사유무량중생혹

有無眼或有無耳或無鼻舌
유무안혹유무이혹무비설

及以手足來至其所告菩薩
급이수족래지기소고보살

言(언)我(아)身(신)薄(박)祜(호)諸(제)根(근)殘(잔)缺(결)唯(유)願(원)
仁(인)慈(자)以(이)善(선)方(방)便(편)捨(사)己(기)所(소)有(유)令(령)
我(아)具(구)足(족)菩(보)薩(살)聞(문)之(지)即(즉)便(편)施(시)與(여)
假(가)使(사)由(유)此(차)經(경)阿(아)僧(승)祇(기)劫(겁)諸(제)根(근)
不(불)具(구)亦(역)不(불)心(심)生(생)一(일)念(념)悔(회)惜(석)但(단)
自(자)觀(관)身(신)從(종)初(초)入(입)胎(태)不(부)淨(정)微(미)形(형)
胞(포)段(단)諸(제)根(근)生(생)老(로)病(병)死(사)又(우)觀(관)此(차)

以 이	堅 견	心 심	作 작	肉 육	聖 성	身 신
施 시	固 고	復 부	是 시	所 소	物 물	無 무
彼 피	我 아	作 작	觀 관	塗 도	臭 취	有 유
充 충	今 금	是 시	已 이	九 구	穢 예	眞 진
滿 만	云 운	念 념	不 불	孔 공	不 불	實 실
其 기	何 하	此 차	生 생	常 상	潔 결	無 무
願 원	而 이	身 신	一 일	流 류	骨 골	有 유
如 여	生 생	危 위	念 념	人 인	節 절	慚 참
我 아	戀 련	脆 취	愛 애	所 소	相 상	愧 괴
所 소	著 착	無 무	著 착	惡 오	持 지	非 비
作 작	應 응	有 유	之 지	賤 천	血 혈	賢 현

以(이)此(차)開(개)導(도)一(일)切(체)衆(중)生(생)令(령)於(어)

身(신)心(심)不(불)生(생)貪(탐)愛(애)悉(실)得(득)成(성)就(취)淸(청)

淨(정)智(지)身(신)是(시)名(명)究(구)竟(경)施(시)是(시)爲(위)菩(보)

薩(살)摩(마)訶(하)薩(살)第(제)六(륙)施(시)藏(장)

佛(불)子(자)何(하)等(등)爲(위)菩(보)薩(살)摩(마)訶(하)薩(살)

慧(혜)藏(장)此(차)菩(보)薩(살)於(어)色(색)如(여)實(실)知(지)色(색)

集(집)如(여)實(실)知(지)色(색)滅(멸)如(여)實(실)知(지)色(색)滅(멸)

知 지	無 무	明 명	道 도	行 행	知 지	道 도
愛 애	明 명	集 집	如 여	識 식	受 수	如 여
集 집	滅 멸	如 여	實 실	滅 멸	想 상	實 실
如 여	道 도	實 실	知 지	如 여	行 행	知 지
實 실	如 여	知 지	於 어	實 실	識 식	於 어
知 지	實 실	無 무	無 무	知 지	集 집	受 수
愛 애	知 지	明 명	明 명	受 수	如 여	想 상
滅 멸	於 어	滅 멸	如 여	想 상	實 실	行 행
如 여	愛 애	如 여	實 실	行 행	知 지	識 식
實 실	如 여	實 실	知 지	識 식	受 수	如 여
知 지	實 실	知 지	無 무	滅 멸	想 상	實 실

愛滅道如實知於聲聞如實
애멸도여실지어성문여실

知聲聞法如實知聲聞集如
지성문법여실지성문집여

實知聲聞涅槃如實知於獨
실지성문열반여실지어독

覺如實知獨覺法如實知
각여실지독각법여실지

獨覺集如實知獨覺涅槃
독각집여실지독각열반

如實知於菩薩如實知菩薩
여실지어보살여실지보살

法如實知菩薩集如實知菩
법여실지보살집여실지보

薩(살) 涅(열) 槃(반) 如(여) 實(실) 知(지) 云(운) 何(하) 知(지) 知(지) 從(종)

業(업) 報(보) 諸(제) 行(행) 因(인) 緣(연) 之(지) 所(소) 造(조) 作(작) 一(일)

切(체) 虛(허) 假(가) 空(공) 無(무) 有(유) 實(실) 非(비) 我(아) 非(비) 堅(견)

固(고) 無(무) 有(유) 少(소) 法(법) 可(가) 得(득) 成(성) 立(립) 欲(욕) 令(령)

衆(중) 生(생) 知(지) 其(기) 實(실) 性(성) 廣(광) 爲(위) 宣(선) 說(설) 爲(위)

說(설) 何(하) 等(등) 說(설) 諸(제) 法(법) 不(불) 可(가) 壞(괴) 何(하) 等(등)

法(법) 不(불) 可(가) 壞(괴) 色(색) 不(불) 可(가) 壞(괴) 受(수) 想(상) 行(행)

識不可壞無明不可壞聲聞
식불가괴무명불가괴성문

法獨覺法菩薩法不可壞何
법독각법보살법불가괴하

以故
이고

一切法無作無作者無言
일체법무작무작자무언

說無處所不生不起不與不
설무처소불생불기불여불

取無動轉無作用菩薩成就
취무동전무작용보살성취

如是等無量慧藏以少方便
여시등무량혜장이소방편

了一切法自然明達不由他
(료 일 체 법 자 연 명 달 불 유 타)

悟此慧無盡藏有十種不可
(오 차 혜 무 진 장 유 십 종 불 가)

盡故說爲無盡何等爲十所
(진 고 설 위 무 진 하 등 위 십 소)

謂多聞善巧不可盡故親近
(위 다 문 선 교 불 가 신 고 친 근)

善知識不可盡故善分別句
(선 지 식 불 가 진 고 선 분 별 구)

義不可盡故入深法界不可
(의 불 가 진 고 입 심 법 계 불 가)

盡故以一味智莊嚴不可盡
(진 고 이 일 미 지 장 엄 불 가 진)

故(고)

集(집) 一(일) 切(체) 福(복) 德(덕) 心(심) 無(무) 疲(피) 倦(권) 不(불)

可(가) 盡(진) 故(고) 入(입) 一(일) 切(체) 陀(다) 羅(라) 尼(니) 門(문) 不(불)

可(가) 盡(진) 故(고) 能(능) 分(분) 別(별) 一(일) 切(체) 衆(중) 生(생) 語(어)

言(언) 音(음) 聲(성) 不(불) 可(가) 盡(진) 故(고) 能(능) 斷(단) 一(일) 切(체)

衆(중) 生(생) 疑(의) 惑(혹) 不(불) 可(가) 盡(진) 故(고) 爲(위) 一(일) 切(체)

衆(중) 生(생) 現(현) 一(일) 切(체) 佛(불) 神(신) 力(력) 敎(교) 化(화) 調(조)

사경의 공덕은 십만억 부처님께 공양한 것과 같은 공덕이 있습니다.

伏(복)令(령)修(수)行(행)不(부)斷(단)不(불)可(가)盡(진)故(고)是(시)

爲(위)十(십)

是(시)爲(위)菩(보)薩(살)摩(마)訶(하)薩(살)第(제)七(칠)慧(혜)

藏(장)住(주)此(차)藏(장)者(자)得(득)無(무)盡(진)智(지)慧(혜)普(보)

能(능)開(개)悟(오)一(일)切(체)衆(중)生(생)

佛(불)子(자)何(하)等(등)爲(위)菩(보)薩(살)摩(마)訶(하)薩(살)

念(념)藏(장)此(차)菩(보)薩(살)捨(사)離(리)癡(치)惑(혹)得(득)具(구)

사경의 공덕은 십만억 부처님께 공양한 것과 같은 공덕이 있습니다.

不 불	他 타	壞 괴	非 비	量 량	至 지	足 족
可 가	乃 내	劫 겁	一 일	百 백	十 십	念 념
數 수	至 지	百 백	成 성	千 천	生 생	憶 억
不 불	無 무	劫 겁	劫 겁	生 생	百 백	念 념
可 가	數 수	千 천	非 비	成 성	生 생	過 과
稱 칭	無 무	劫 겁	一 일	劫 겁	千 천	去 거
不 불	量 량	百 백	壞 괴	壞 괴	生 생	一 일
可 가	無 무	千 천	劫 겁	劫 겁	百 백	生 생
思 사	邊 변	億 억	非 비	成 성	千 천	二 이
不 불	無 무	那 나	一 일	壞 괴	生 생	生 생
可 가	等 등	由 유	成 성	劫 겁	無 무	乃 내

量不可說不可說劫念一佛
량불가설불가설겁념일불

名號乃至不可說不可說佛
명호내지불가설불가설불

名號念一佛出世說授記乃
명호념일불출세설수기내

至不可說不可說佛出世說
지불가설불가설불출세설

授記
수기

念一佛出世說修多羅乃
염일불출세설수다라내

至不可說不可說佛出世說
지불가설불가설불출세설

사경의 공덕은 십만억 부처님께 공양한 것과 같은 공덕이 있습니다.

修(수)多(다)羅(라)如(여)修(수)多(다)羅(라)祇(기)夜(야)授(수)記(기)
伽(가)陀(타)尼(니)陀(타)那(나)優(우)陀(타)那(나)本(본)事(사)本(본)
生(생)方(방)廣(광)未(미)曾(증)有(유)譬(비)喩(유)論(론)議(의)亦(역)
如(여)是(시)
念(염)一(일)衆(중)會(회)乃(내)至(지)不(불)可(가)說(설)不(불)
可(가)說(설)衆(중)會(회)念(념)演(연)一(일)法(법)乃(내)至(지)演(연)
不(불)可(가)說(설)不(불)可(가)說(설)法(법)念(념)一(일)根(근)種(종)

種性乃至不可說不可說根
종성내지불가설불가설근

種種性
종종성

念一根無量種種性乃至
염일근무량종종성내지

不可說不可說根無量種種
불가설불가설근무량종종

性念一煩惱種種性乃至不
성념일번뇌종종성내지불

可說不可說煩惱種種性念
가설불가설번뇌종종성념

一三昧種種性乃至不可說
일삼매종종성내지불가설

論 론	一 일	念 념	塵 진	濁 탁	十 십	不 불
無 무	切 체	無 무	念 념	念 념	種 종	可 가
能 능	世 세	障 장	離 리	明 명	所 소	說 설
變 변	間 간	礙 애	垢 구	徹 철	謂 위	三 삼
動 동	無 무	念 념	念 념	念 념	寂 적	昧 매
往 왕	能 능	菩 보	光 광	離 리	靜 정	種 종
世 세	嬈 요	薩 살	耀 요	塵 진	念 념	種 종
善 선	亂 란	住 주	念 념	念 념	清 칭	性 성
根 근	一 일	是 시	可 가	離 리	淨 정	此 차
悉 실	切 체	念 념	愛 애	種 종	念 념	念 념
得 득	異 이	時 시	樂 락	種 종	不 불	有 유

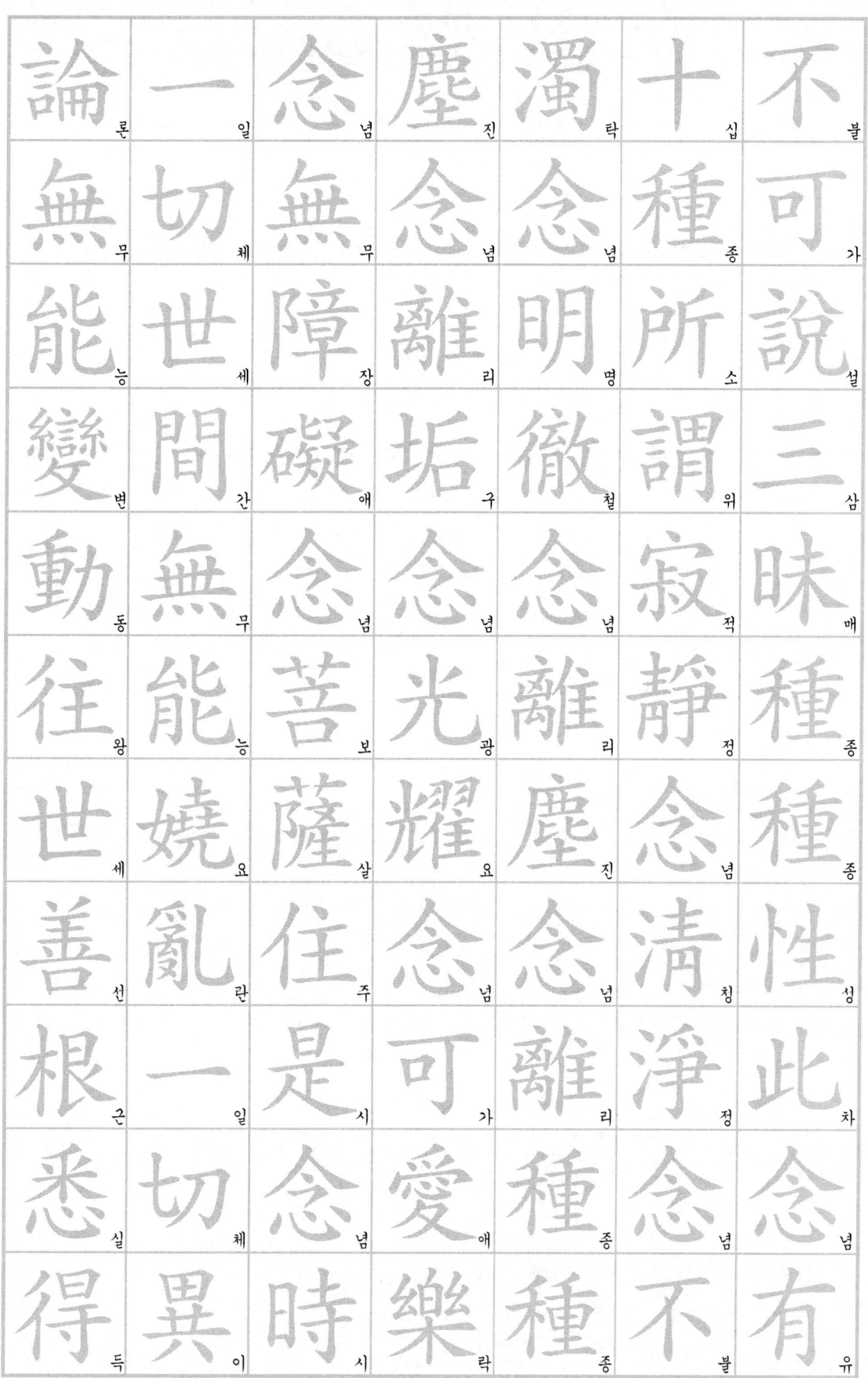

淸淨於諸世法無所染著衆
청정어제세법무소염착중

魔外道所不能壞轉身受生
마외도소불능괴전신수생

無所忘失過現未來說法無
무소망실과현미래설법무

盡於一切世界中與衆生同
진어일체세계중여중생동

住曾無過咎入一切諸佛衆
주증무과구입일체제불중

會道場無所障礙一切佛所
회도량무소장애일체불소

悉得親近是名菩薩摩訶薩
실득친근시명보살마하살

사경의 공덕은 십만억 부처님께 공양한 것과 같은 공덕이 있습니다.

第제八팔念념藏장

佛불子자何하等등爲위菩보薩살摩마訶하薩살

持지藏장此차菩보薩살持지諸제佛불所소說설修수

多다羅라文문句구義의理리無무有유忘망失실一일

生생持지乃내至지不불可가說설不불可가說설生생

持지持지一일佛불名명號호乃내至지不불可가說설

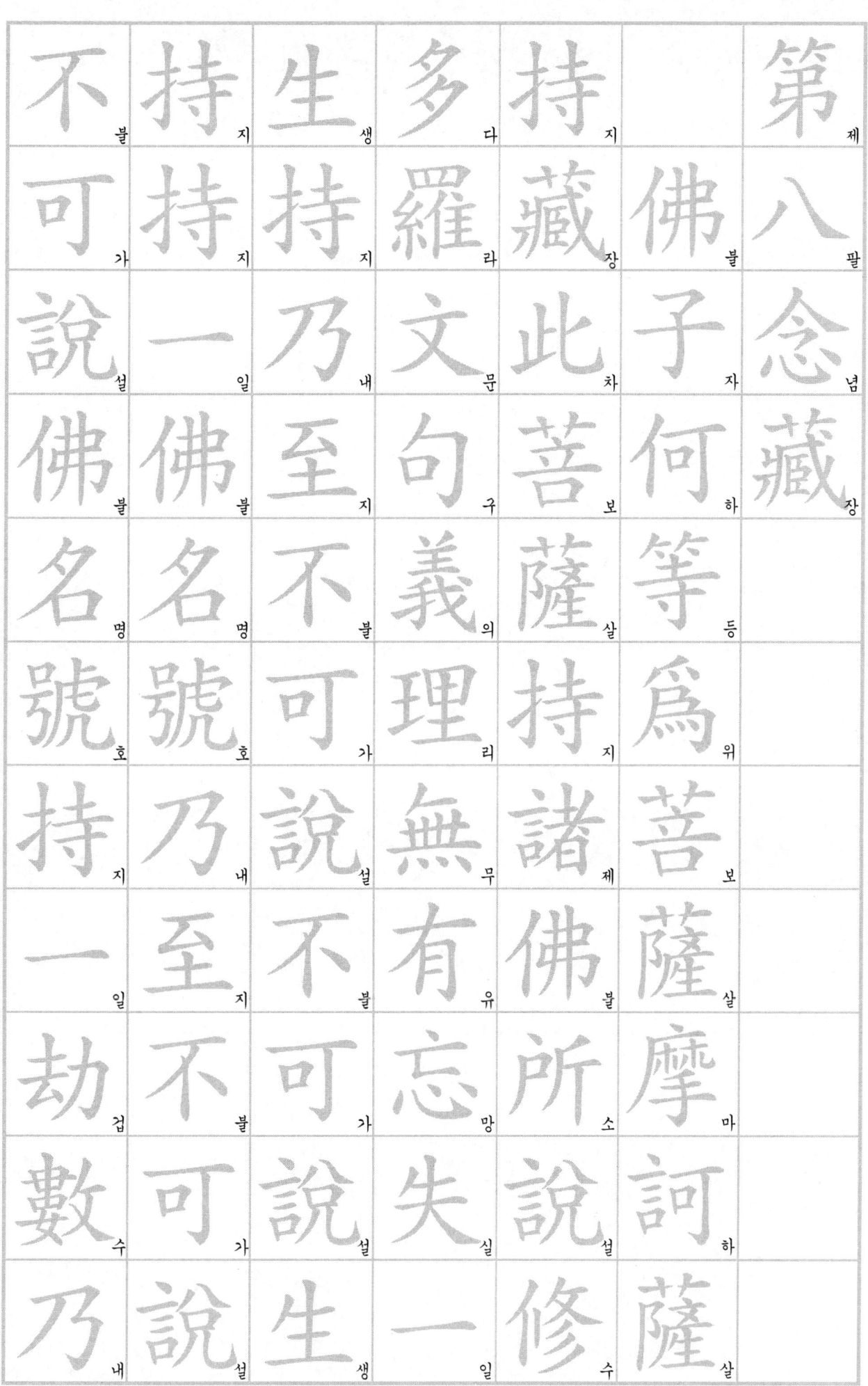

不불可가說설佛불名명號호持지一일劫겁數수乃내

至不可說不可說劫數持一
지불가설불가설겁수지일

佛授記乃至不可說不可說
불수기내지불가설불가설

佛授記持一修多羅乃至不
불수기지일수다라내지불

可說不可說修多羅持一衆
가설불가설수다라지일중

會乃至不可說不可說衆會
회내지불가설불가설중회

持演一法乃至演不可說不
지연일법내지연불가설불

可說法持一根無量種種性
가설법지일근무량종종성

乃至不可說不可說根無量
내지불가설불가설근무량

種種性持一煩惱種種性乃
종종성지일번뇌종종성내

至不可說不可說煩惱種種
지불가설불가설번뇌종종

性持一三昧種種性乃至不
성지일삼매종종성내지불

可說不可說三昧種種性
가설불가설삼매종종성

佛子此持藏無邊難滿難
불자차지장무변난만난

至其底難得親近無能制伏
지기저난득친근무능제복

無量無盡具大威力是佛境 (무량무진구대위력시불경)

界唯佛能了是名菩薩摩訶 (계유불능료시명보살마하)

薩第九持藏 (살제구지장)

佛子何等爲菩薩摩訶薩 (불자하등위보살마하살)

辯藏此菩薩有深智慧了知 (변장차보살유심지혜료지)

實相廣爲衆生演說諸法不 (실상광위중생연설제법불)

違一切諸佛經典說一品法 (위일체제불경전설일품법)

乃至不可說不可說品法
내지불가설불가설품법

說一佛名號乃至不可說
설일불명호내지불가설

不可說佛名號如是說一世
불가설불명호여시설일세

界說一佛授記說一修多羅
계설일불수기설일수다라

說一衆會說演一法說一根
설일중회설연일법설일근

無量種種性說一一煩惱無量
무량종종성설일일번뇌무량

種種性說一三昧無量種種
종종성설일삼매무량종종

不 불	說 설	千 천	千 천	半 반	昧 매	性 성
可 가	或 혹	劫 겁	年 년	月 월	無 무	乃 내
說 설	無 무	說 설	說 설	一 일	量 량	至 지
劫 겁	數 수	或 혹	或 혹	月 월	種 종	說 설
說 설	無 무	百 백	一 일	說 설	種 종	不 불
劫 겁	量 량	千 천	劫 겁	或 혹	性 성	可 가
數 수	乃 내	億 억	百 백	百 백	或 혹	說 설
可 가	至 지	那 나	劫 겁	年 년	一 일	不 불
盡 진	不 불	由 유	千 천	千 천	日 일	可 가
一 일	可 가	他 타	劫 겁	年 년	說 설	說 설
文 문	說 설	劫 겁	百 백	百 백	或 혹	三 삼

一句義理難盡何以故此菩薩成就十種無盡藏故

成就此藏得攝一切法陀羅尼門現在前百萬阿僧祇陀羅尼以爲眷屬得此陀羅尼已以法光明廣爲衆生演說於法其說法時以廣長舌

無 무	相 상	令 령	入 입	歡 환	界 계	出 출
有 유	續 속	一 일	一 일	喜 희	隨 수	妙 묘
窮 궁	亦 역	切 체	切 체	滅 멸	其 기	音 음
盡 진	以 이	衆 중	音 음	除 제	根 근	聲 성
不 불	法 법	生 생	聲 성	一 일	性 성	充 충
生 생	光 광	佛 불	言 언	切 체	悉 실	滿 만
疲 피	明 명	種 종	語 어	煩 번	令 령	十 시
倦 권	而 이	不 부	文 문	惱 뇌	滿 만	方 방
何 하	演 연	斷 단	字 자	纏 전	足 족	一 일
以 이	說 설	淨 정	辯 변	垢 구	心 심	切 체
故 고	法 법	心 심	才 재	善 선	得 득	世 세

此菩薩成就盡虛空徧法界
차보살성취진허공편법계

無邊身故是爲菩薩摩訶薩
무변신고시위보살마하살

第十辯藏
제십변장

此藏無窮盡無分段無間
차장무궁진무분단무간

無斷無變異無隔礙無退轉
무단무변이무격애무퇴전

甚深無底難可得入普入一
심심무저난가득입보입일

切佛法之門
체불법지문

佛子此十種無盡藏有十
불자차십종무진장유십

種無盡法令諸菩薩究竟成
종무진법령제보살구경성

就無上菩提何等爲十饒益
취무상보리하등위십요익

一切衆生故以本願善迴向
일체중생고이본원선회향

故一切劫無斷絶故盡虛空
고일체겁무단절고진허공

界悉開悟心無限故迴向有
계실개오심무한고회향유

爲而不著故一念境界一切
위이불착고일념경계일체

法無盡故大願心無變異故 (법무진고대원심무변이고)
善攝取諸陀羅尼故一切諸 (선섭취제다라니고일체제)
佛所護念故了一切法皆如 (불소호념고료일체법개여)
幻故是爲十種無盡法能令 (환고시위십종무진법능령)
一切世間所作悉得究竟無 (일체세간소작실득구경무)
盡大藏 (진대장)

發 願 文

귀의 삼보하옵고

거룩하신 부처님께 발원하옵나이다.

주　소 :

전　화 :　　불명 :　　성명 :

불기 25　　년　　월　　일